Fluõ | Travel

GW01311430

VERONA

ITALY

MINI SURVIVAL GUIDE

Verona: Mini Survival Guide
By Jan Hayes

First Edition: July 2018

Scale / 1:7500

| ▬▬▬▬ 100m
| ▬▬▬▬▬ 500ft

Contents

At a Glance

Country	Italy
Region	Veneto
Native Name	Verona
Established	550 BC
Language	Italian
Currency	Euro (EUR)
Plug Type	C, F, L (230V)
Driving	Right-hand
Population	257984
Area	206.63 sq.kms
Postal Code	37100
Area Code	+(39)045
Timezone	CET (+1)
Timezone DST	CET (+2)

ACCOMMODATION

 HOSTELS

Alle Torri Rooms ▷ 13 Via Fratelli Rosselli 9 • **B&B Re Lear** ▷ 20 Vicolo Volto San Luca 19 • **La Magnolia** ▷ 20 Via Jacopo Foroni 8

 HOTELS

Albergo Mazzanti ▷ 15 via Mazzanti 6 • **Best Western Hotel Firenze** ★ ★ ★ ★ ▷ 20 Corso Porta Nuova 88 ☎ +39 045 8011510 • **Giulietta & Romeo** ▷ 15 Vicolo Tre Marchetti 11 • **Grand Hotel** ▷ 20 Corso Porta Nuova 105 — 20 Corso Porta Nuova 105 • **Grande Hotel Des Arts** ▷ 20 Corso Porta Nuova 105 ☎ +39 045 595600 • **Hotel Antica Porta Leona** ▷ 16 Corticella Leoni 3 ☎ +39 045 595499 • **Hotel Bologna** ▷ 15 Via Guglielmo Oberdan 2 • **Hotel Giberti** ★ ★ ★ ★ ▷ 20 Via Gian Matteo Giberti 7 • **Hotel Italia** ★ ★ ★ ▷ 15 Via Goffredo Mameli 58/66 ☎ +39 045 918088 • **Hotel Mastino** ★ ★ ★ ▷ 20 Corso Porta Nuova 16 • **Hotel Milano** ▷ 15 Vicolo Tre Marchetti 13 • **Hotel Pension Franciscus** ▷ 19 Vicolo Calcirelli 25 ☎ +39 045 8069133 • **Hotel Piccolo** ★ ★ ★ ▷ 19 Via Giulio Camuzzoni 3 • **Hotel Porta Palio** ★ ★ ★ ▷ 14 Viale colonnello Galliano 21 • **Hotel Porta San Zeno** ▷ 13 Corso Milano 26 ☎ +39 045 565156 • **Hotel Trento** ▷ 20 Corso Porta Nuova 38 • **Hotel due Torri** ★ ★ ★ ★ ★ ▷ 16 Piazza Sant'anastasia 4 • **Juliette House Bed&Breakfast** ▷ 16 Vicolo Dietro Sant'Andrea 1 ☎ +39 342 7605555 • **Leon D'Oro** ★ ★ ★ ★ ▷ 20 Viale del Piave 5 • **Novo**

hotel Rossi ▷ 19 Via delle Coste 3 • **Palazzo Victoria** ▷ 15 Via Adua 8 • **Residenza Universitaria ESU - Corte Maddalene** ▷ 21 Via S. Cristoforo 5 • **Scalzi** ▷ 19 Via Carmelitani Scalzi 5 ☎ +39.045.590422 • **Siena** ★ ★ ▷ 19 Via Guglielmo Marconi 41 ☎ +39 045 8003074 • **Sole hotel Verona** ▷ 19 Piazzale Venticinque Aprile 4/B • **Trieste** ▷ 20 Corso Porta Nuova 53 • **Verona** ▷ 20 Corso Porta Nuova 47 ☎ +39 045 59 59 44

EAT & DRINK

 BARS

Alle Arche ▷ 16 Via Arche Scaligere 8 • **Archivio** ▷ 15 Via Rosa 3/C • **Atipico lounge bar** ▷ 18 Via Jacopo Sansovino 20 • **Bar Armosa** ▷ 22 Via Agostino Mainardi 12 • **Bar Arsenale** ▷ 15 Piazza Sacco e Vanzetti 2 • **Bar Barana** ▷ 17 Via Barana 4 • **Bar Blue Moon** ▷ 17 Via Antonio Cesari 53 • **Bar Campofiore** ▷ 21 Via Campofiore 27 • **Bar Montecchi** ▷ 20 Via del Pontiere 29 • **Bar Olimpia** ▷ 17 Via Antonio Pisano 11 • **Bar Palazzetto** ▷ 18 Via Leonardo Da Vinci 24 • **Bar Sabrina** ▷ 15 Via IV Novembre 1d • **Bar Sant'Anastasia** ▷ 16 Corso Sant'Anastasia 51 • **Bar Tiffany** ▷ 17 Via Colonnello Giovanni Fincato 168 • **Biancaneve** ▷ 16 Via Leoni 13 • **Caffè Nero** ▷ 15 Via Fama 2/A • **Cambridge** ▷ 21 Via S. Francesco 1 • **Cappa Cafè** ▷ 16 Piazzetta Brà Molinari 1 • **Dolce e Salato** ▷ 17 Via Filippo Rosa Morando 25 • **G & G** ▷ 15 Via Fama 6/B • **Iris Bar** ▷ 14 Via Fossetto 3 • **Iter Bar** ▷ 13 Via don Luigi Sturzo 7 • **L'Arcipelago** ▷ 16 Via Leoni 9 • **La Tramezzineria** ▷ 15 Via Gianbattista da Monte 13 • **La baracca** ▷ 20 Via Alberto Dominutti 20/2 ☎ +39 342 8470197 • **Muretto** ▷ 19 Via Carmelitani Scalzi 1/B • **Osteria Ai Preti** ▷ 16 Interrato dell'Acqua Morta 29 • **Osteria Le Piere** ▷ 15 Via Sant'Egidio 16 • **Osteria Nosetta** ▷ 17 Via Cesare Betteloni 42/B ☎ +39 045 473 3913 • **Osteria a la Carega** ▷ 15 Via Cadrega 8 • **Osteria al Managheto** ▷ 14 Vicolo Cere 24 ☎ +39 348 4712927 • **Pecoranera** ▷ 14 Piazza Corrubbio 15 • **Renon** ▷ 14 Lungadige Cangrande 24 • **Riva Mancina** ▷ 16 Vicolo Quadrelli 1 • **San Zen che ride** ▷ 14 Piazza Pozza 3 • **Sciò Rum** ▷ 15 Via Sant'Alessio 46 • **Time Out Live Pub** ▷ 21 Via Campofiore 1 ☎ +39 392 372 0539 • **Tiratardi** ▷ 21 Via Sebastiano dal Vino 4

 CAFES

900 ▷ 20 Via dei Mutilati 5 • **Accademia** ▷ 20 Via Roma 4a • **Adigetto 19 Lunch&Cafe** ▷ 20 Via Adigetto 19 ☎ +393455073158 • **Ai Calici Wine & Cocktail Bar** ▷ 14 Piazza Corrubbio 37 • **Al Rustico** ▷ 20 Via Adigetto 1A • **Amadeus** ▷ 18 Via Filippo Brunelleschi 11A • **Anselmi** ▷ 15 Via della Costa 3A • **Bar Caffetteria Al Duomo** ▷ 15 Via S. Giusto 2 • **Bar Christian** ▷ 13 Via Alvise da Mosto 9 • **Bar Columbus** ▷ 20 Piazza Cittadella 16 • **Bar Hellas** ▷ 13 Via Molise 14 • **Bar Mokalux** ▷ 16 Via Cappello 5 • **Bar Paninoteca Dal Colle** ▷ 17 Piazza Vinco Libero 24 • **Bar Pasticceria Castelvecchio** ▷ 15 Corso Castelvecchio 21 • **Bar Rosso** ▷ 15 Via XXIV Maggio 7 • **Bar Ruggiero** ▷ 20 Via Daniele Manin 11 • **Bar al Cantuccio** ▷ 17 Via Cesare Betteloni 41 • **Bar autostazione** ▷ 15 Via Goffredo Mameli 2 • **Bottega Del Caffè Dersut** (*coffee shop, sandwich, smoothie*) ▷ 15 Via Roma 20 ☎ +39 333 327 5751 • **Buffet Stazione** ▷ 19 Piazzale Venticinque Aprile 4

— 19 Piazzale Venticinque Aprile 4 • **C'era una volta** ▷ 15 Corte Melone 2b • **Caffe Wallner** ▷ 20 Via Dietro Listone 1 • **Caffè & Parole** (*vegan, vegetarian, italian, coffee shop*) ▷ 15 Piazza Duomo 1/A ☎ +39 340 34 10 992 • **Caffè Borsari** ▷ 15 Corso Porta Borsari 15/D ☎ +39 045 8031313 • **Caffè Giberti** ▷ 20 Via Gian Matteo Giberti 16 • **Caffè Manzoni** ▷ 13 Viale Alessandro Manzoni 2/B • **Caffè Rialto** ▷ 15 Via generale Armando Diaz 2 ☎ +39 045 8012845 • **Caffè Sanmicheli** ▷ 16 Via Giosuè Carducci 63 • **Caffè Venezia** ▷ 17 Corso Venezia 9 • **Caffè Verona** ▷ 19 Via Giovanni Della Casa 6 ☎ +39 045 597669 • **Caffè al Teatro** ▷ 20 Via Roma 10 • **Caffè alle Fogge** ▷ 15 Corso Sant'Anastasia 8 • **Caffé Coloniale** ▷ 16 Piazza Francesco Viviani 14/C ☎ +39 045 8012647 • **Caffé di Mezzo** ▷ 20 Corso Porta Nuova 56 • **Cafè Noir** ▷ 15 Via Pellicciai 12 • **Café al Ponte** ▷ 16 Lungoadige S. Giorgio 3 • **Casa Del Dolce Romeo E Giulietta** ▷ 20 Corso Porta Nuova 49 • **Casablanca** (*sandwich*) ▷ 16 Via Seghe S. Tomaso 12 • **Cavallino** ▷ 20 Piazzetta Alcide De Gasperi 2 • **Colombia Caffè** ▷ 17 Via Venti Settembre 126 • **Dersut Cafe** ▷ 15 Piazza Nogara 3 • **FeelGood Bar** (*vegan*) ▷ 15 Via Breccia San Giorgio 4 ☎ +39 045 222 0152 • **Gelateria La Romana** ▷ 19 Piazza Santo Spirito 8 • **Hurom** ▷ 16 Via San Vitale 35 • **Il Campidoglio** ▷ 15 Vicolo S. Marco in Foro 1a • **Il Coloniale "Piccolo"** (*italian*) ▷ 15 Via Roma 28 • **Il Convivio** ▷ 13 Via Luigi Galvani 57 • **Joyería Malu** ▷ 15 Piazza Erbe 36 • **L Hostaria** ▷ 17 Via C. Cipolla 23 • **La Batida** ▷ 16 Via Cappello 4 • **La Cafeteria** ▷ 20 Stradone Porta Palio 17 • **La Conchiglia** ▷ 20 Piazzetta Municipio 2 • **La Pirueta** ▷ 20 Largo Carlo Caldera 3 • **Leon'Oro** ▷ 20 Via Pallone 10 • **Leone da Siro** ▷ 15 Via Giovanni Zambelli 24 • **Liston 12** (*italian, pizza*) ▷ 15 Piazza Bra 12 •

Loacker ▷ 15 Corso Sant'Anastasia 13 • **Mada Cafè** ▷ 15 Via Teatro Filarmonico 5 • **Made In Lessinia** ▷ 20 Via Gian Matteo Giberti 20 • **NP Caffè** ▷ 13 Corso Milano 145 • **Nespresso** ▷ 15 Corso Porta Borsari 53 • **Pasticceria Borsaro** (*pastry*) ▷ 17 Via Antonio Pisano 20 • **Pasticceria Carletti** (*pastry*) ▷ 17 Via Cesare Betteloni 34 • **Pasticceria Pradaval** ▷ 20 Piazza Pradaval 12 • **Pasticceria Rossini** (*pastry*) ▷ 17 Via Ciro Pollini 34 • **Pasticceria San Marco** ▷ 13 Via S. Marco 53 • **Patty Bar** ▷ 20 Via Adigetto 25 • **Pizza & Cafè** ▷ 15 Via Scala 34 ☎ +390459299311 • **Pretto Gelato Arte Italiana** ▷ 20 Via dei Mutilati 2 • **Romeo & Giulietta** ▷ 20 Via del Pontiere 20 • **Sapore Pizza Stand Up** ▷ 15 via Mazzanti 1 • **Summer Bar** ▷ 18 Via Albere 58 • **Vienna** ▷ 20 Via della Valverde 52 • **Wally's** ▷ 16 Largo San Nazaro 2 • **Zen Lounge Cafe** ▷ 14 Piazza Corrubbio 17

 ## RESTAURANTS

'na scarpa e 'n socolo (*italian*) ▷ 14 Via Rotaldo 5B • **12 Apostoli** ▷ 15 Vicolo Corticella San Marco 3 ☎ +39045596999 • **Al Bracere** (*italian,pizza*) ▷ 20 Via Adigetto 6/A ☎ +3945597249 • **Antico Caffe Dante** (*italian*) ▷ 16 Piazza dei Signori 2 ☎ +39458000083 • **Bella Napoli** (*pizza*) ▷ 20 Via Guglielmo Marconi 11 • **Beluga** ▷ 20 Stradone Porta Palio 27/A ☎ +39 045 591601 • **Berberè** (*pizza*) ▷ 15 Via Pellicciai 2 • **Brek** (*italian*) ▷ 20 Piazza Brà 20 ☎ +39 045 8004561 • **Butchet** ▷ 16 Via Leoncino 7A ☎ +39454682130 • **Cangrande Ristorante & Enoteca** (*italian*) ▷ 15 Via Dietro Listone 19 D ☎ +39 045 595022 • **Capitol** (*chinese*) ▷ 15 Via Teatro Filarmonico 9 • **Da Mario** (*italian pizza, italian*) ▷ 16 Via Santa Maria in Chiavica 5 ☎ +39 045 8769827 • **Doppio zero** (*pizza*) ▷ 13 Via San Marco

67 • **Elefante Blu** (*indian*) ▷ 14 Piazza Corrubbio 36 ☎ +39 045 591294, +39 045 591565, +39 335 6364763 • **Emanuel Cafe** (*italian, pizza*) ▷ 15 Piazza Bra 6A ☎ +39 045 590154 • **Greppia** (*regional*) ▷ 15 Vicolo Samaritana 3 • **Grotta Azzurra** 3 (*italian, pizza*) ▷ 18 Via Sogare 9 • **Hokaido** (*japanese*) ▷ 19 Via Città di Nimes 10 ☎ +39 045 8035435 • **Ichiban** (*japanese*) ▷ 20 Piazzetta Alcide De Gasperi 2 ☎ +39 045 8033086 • **Il Cappero** (*pizzeria, cucina italiana*) ▷ 15 Via generale Gaetano Giardino 2 • **Il Ciottolo** ▷ 15 Corso Cavour 39/C ☎ +39 045 9231331 • **Il Conte del Pesin** (*italian, mediterranean*) ▷ 16 Lungadige Bartolomeo Rubele 32 ☎ +39 458005526 • **Il Desco** (*italian*) ▷ 16 Via Dietro San Sebastiano 5 ☎ 045595358 • **Il Glicine** (*italian*) ▷ 13 Corso Milano 26 ☎ +39 045 565156 • **Kulmbacher Bier-Haus** ▷ 19 Via Guglielmo Marconi 72 ☎ +39 045 597517 • **L'amalfitana** (*pizza, kebab*) ▷ 14 Viale Cristoforo Colombo 93 • **La Cantina del 15** (*italian*) ▷ 15 Corso Castelvecchio 15 • **La Costa In Bra'** (*italian, pizza*) ▷ 15 Piazza Brà 2 ☎ +39 045 597468 • **La Lanterna - Ristorante Pizzeria Vegano Biologico** (*vegan*) ▷ 14 Via Berto Barbarani 6 ☎ +39 045 594929 • **La Locanda Navona** (*italian*) ▷ 16 Piazzetta Navona 6 ☎ +39 045 800 8994 • **La Piazzetta** (*regional*) ▷ 15 Corte San Giovanni in Foro 4 ☎ +39 045 591099 • **La Taverna** (*regional*) ▷ 16 Vicolo Stella 5 • **La Tradision** ▷ 15 Via Guglielmo Oberdan 6 ☎ +39045594226 • **La Vecia Mescola** (*italian, local*) ▷ 15 Vicolo Chiodo 4 ☎ +39 045 8036608 • **Le cantine de l'Arena** (*pizza*) ▷ 15 Piazzetta Scalette Rubiani 1 • **Le do spironè** (*seafood, italian, grill*) ▷ 22 Via Antonio Cesari 1 ☎ 0452595220 • **Ll Punto Rosa** ▷ 15 Via Fratta 12 ☎ +393472210052 • **Locanda 4 Cuochi SRL** ▷ 15 Via Alberto Mario 12 ☎ +39458030311

• **Locanda degli Scaligeri** (*italian*) ▷ 20 Via Marcantonio Bentegodi 6 • **Macafame** (*italian*) ▷ 15 Via delle Fogge 6 • **Mexicali** (*Messicana*) ▷ 20 Via del Pontiere 3 • **Nastro Azzurro** (*italian, pizza*) ▷ 15 Vicolo Listone 4 ☎ +39 045 8004457 • **Oblò** (*sandwich*) ▷ 15 Corso Cavour 5 • **Officina** ▷ 20 Via Sant'Antonio 16/B ☎ +39 045 8010009 • **Olivo 1939** (*italian, pizza*) ▷ 15 Piazza Bra 18 ☎ +39 045 8030598 • **Osteria Giulietta e Romeo** (*regional*) ▷ 16 Corso Sant'Anastasia 27 ☎ +39 045 800 9177 • **Osteria Monte Baldo** ▷ 15 Via Rosa 12 ☎ 0458030579 • **Osteria al borgo** ▷ 13 Via Baldassare Longhena 29/D ☎ +39 045 8105145 • **Osteria da Ugo** (*regional*) ▷ 16 Vicolo Dietro Sant'Andrea 1/B ☎ +39 045 594400, +39 345 3692158 • **Pizza Point** (*pizza*) ▷ 18 Via Leonardo da Vinci 31/B ☎ +39 045 565242 • **Pizza al taglio da Zio Lele** (*italian, italian pizza, regional, mediterranean*) ▷ 16 Via Santa Maria Rocca Maggiore 6 ☎ +39 349 3333490 • **PizzaCaffe La Torre** (*italian pizza*) ▷ 20 Stradone Scipione Maffei 1 • **PizzaCaffe La Torre #1** (*italian pizza*) ▷ 20 Stradone Scipione Maffei 1 ☎ +39 045 252 5464 • **Pizzeria 70** (*pizza*) ▷ 17 Via Amilcare Ponchielli 2 • **Pizzeria Acua e grano** (*pizza*) ▷ 14 Via Spagna 2 ☎ +39 348 5163616 • **Pizzeria Betteloni** (*pizza*) ▷ 17 Via Bartolomeo Lorenzi 25 • **Pizzeria Da Salvatore** (*pizza*) ▷ 16 Via Santa Maria Rocca Maggiore 1 • **Pizzeria Delle Nazioni** (*italian, pizza*) ▷ 20 Circonvallazione Alfredo Oriani 2/E • **Pizzeria Raggio Di Sole** (*pizza*) ▷ 20 Circonvallazione Raggio di Sole 2 • **Pizzeria Saval** (*pizza*) ▷ 13 Via Quarto Ponte 17/D ☎ +39 045 576805 • **Pizzeria da Roby** (*pizza*) ▷ 18 Via Leonardo Da Vinci 14 — (*pizza*) 19 Via Leonardo Da Vinci 14 • **Ristorante Antica Torretta** (*italian*) ▷ 16 Piazza Broilo 1 ☎ +39 045 8015292 • **Ristorante Il Cena-**colo (*italian*) ▷ 15 Via Teatro Filarmonico 10 • **Ristorante La Ginestra** ▷ 13 Corso Milano 101 ☎ +39 045 562449, +39 045 8101444 • **Ristorante Pizzeria Santa Felicita** (*regional, pizza*) ▷ 16 Via Santa Felicita 8 ☎ +39045 596301 • **Ristorante Sant'Eufemia** (*regional*) ▷ 15 Via Francesco Emilei 21 ☎ +39 045 800 68 65 • **Ristorante Tre Risotti** ▷ 20 Via Luigia Poloni 15 ☎ +39 045 594408 • **San Matteo** (*regional*) ▷ 15 Vicolo San Matteo 1 ☎ +39 045 800 45 38 • **Santo Spirito** (*italian, pizza*) ▷ 19 Piazza Santo Spirito 3 • **Signorvino** ▷ 20 Corso Porta Nuova 2 ☎ +39 045 8009031 • **Stella D'Oriente** (*chinese*) ▷ 18 Via Luigi Pirandello 23 • **Sun Restaurant** (*japanese*) ▷ 15 Via Pellicciai 20/A ☎ +39 045 597115 • **TAJ** (*kebab*) ▷ 20 Piazza Pradaval 8 ☎ +39 393 1469210 • **Tapasotto** ▷ 15 Galleria Pellicciai 12 ☎ +39 045 591477 • **Terrazza Bar Al Ponte** (*italian*) ▷ 16 Via Ponte Pietra 26 • **Trattoria Cappuccini** ▷ 20 Via Franco Faccio 26 ☎ +39 045 8032653 • **Trattoria Da Ropeton** (*regional*) ▷ 16 Via Fontana del Ferro 1 • **Trattoria Impero** (*pizza, italian*) ▷ 15 P. Signori 8 • **Trattoria Muramare** ▷ 20 Corso Porta Nuova 46/A ☎ +390458013016 • **Trattoria ai Bastioni** (*italian, pizza*) ▷ 14 Viale colonnello Galliano 23 • **Trattoria al Metano da Anna** (*italian*) ▷ 20 Via Bartolomeo Avesani 7 ☎ +39 045 595199 • **Vesuvio** (*pizza*) ▷ 14 Regaste San Zeno 41

EDUCATION

 COLLEGES

Istituto Seghetti ▷ 20 Piazza Cittadella 10 • **Liceo statale Carlo Montanari** ▷ 20 Stradone Scipione

Maffei 3

 LIBRARIES

Biblioteca Arturo Frinzi ▷ 21 Via S. Francesco 20 • **Centro Culturale G. Marani** ▷ 14 Via S. Camillo de Lellis 4 • **Polo Universitario Santa Marta** ▷ 22 Via Cantarane 24

 UNIVERSITIES

Accademia di Belle Arti Cignaroli ▷ 20 Via Carlo Montanari 5 • **Facoltà di Giurisprudenza** ▷ 20 Via Carlo Montanari 9

ENTERTAINMENT

 CINEMA

Arena estiva Fiume ▷ 14 Piazza Bacanal 9 • **Astra** ▷ 15 Via Guglielmo Oberdan 13 • **Cinema Multisala Rivoli** ▷ 15 Piazza Brà 10 ☎ +39 045 8032935

FINANCE

 BANKS

Antonveneta ▷ 20 Piazza Pradaval 4 • **BNL** ▷ 13 Corso Milano 2 — 13 Corso Milano 77 — 19 Piazza Renato Simoni 40 • **Banca Fideuram** ▷ 20 Via Gian Matteo Giberti 11 • **Banca Popolare Di Verona** ▷ 13 Via Fratelli Cervi 8 — 15 Viale Gabriele D'Annunzio 6 — 15 Via IV Novembre 40 • **Banca Popolare dell'Emila Romagna** ▷ 17 Via Girolamo Campagna 2 • **Banca Popolare di Verona** ▷ 13 Corso Milano 4 — 15 Piazza Nogara 2 — 15 Piazza Erbe 17B — 16 Interrato dell'Acqua Morta 2c — 17 Via Filippo Rosa Morando 17 — 18 Viale Andrea Palladio 43 — 19 Via Carmelitani Scalzi 20 — 20 Via del Pontiere 9 • **Banca dell'Artigianato e dell'Industria** ▷ 19 Piazza Renato Simoni 31 • **Barclays** ▷ 20 Piazzetta Municipio 3 • **Bcc** ▷ 15 Via IV Novembre 1d — 20 Vicolo Volto S. Luca 24 • **Cassa Di Risparmio Del Veneto** ▷ 18 Via Baldassarre Longhena 32/B • **Cassa di Risparmio del Veneto** ▷ 13 Corso Milano 119 • **Cassa di Risparmio di Verona** ▷ 15 Piazza Erbe 15 • **Che Banca** ▷ 20 Piazzetta Municipio 2 • **Credit Agricole** ▷ 16 Via Nizza 2 • **Deutsche Bank** ▷ 14 Piazza San Zeno 1 — 17 Via Gerolamo Fracastoro 5 • **Deutsche Bank Agenzia B** ▷ 15 Corso Porta Borsari 1 • **Hypo Tirol Bank** ▷ 19 Piazza Renato Simoni 31 • **IngDirect** ▷ 15 Corso Sant'Anastasia 6 • **UBI Banco di Brescia** ▷ 19 Via Città di Nimes 4 • **UniCredit** ▷ 16 Via Cappello 1 — 17 Piazza Isotta Nogarola 5 ☎ +39 045 4869802 — 17 Via Venti Settembre 103 — 20 Piazza Bra 26 • **Unicredit** ▷ 14 Piazza Pozza 31 — 18 Via Leonardo Da Vinci 35 — 19 Piazza Renato Simoni 8 — 20 Piazza Cittadella 22 • **Unipol Banca** ▷ 19 Stradone Porta Palio 82 • **Veneto Banca** ▷ 15 Via Roma 80 — 19 Via G. M. Giberti 38

HEALTH

 DENTISTS

Studio Dentistico ▷ 19 Largo Don Giuseppe Chiot 45

 PHARMACIES

Al Giglio ▷ 15 Corso Porta Borsari 46 • **Castelvecchio** ▷ 15 Stradone Porta Palio 2 ☎ +39 045 800 0016 • **Coghi** ▷ 15 Via IV Novembre 9/C • **Farmacia Al Seminario** ▷ 16 Via Interrato dell' Acqua Morta 42 • **Farmacia Bettini** ▷ 13 Via Marin Faliero 71 ☎ +39 045 8102588 • **Farmacia Borgo Milano** ▷ 13 Corso Milano 69 • **Farmacia Burri** ▷ 15 Via Goffredo Mameli 4 • **Farmacia Centrale** ▷ 15 Piazza delle Erbe 20 • **Farmacia Comunale Grattacielo** ▷ 19 Piazza Santo Spirito 2/B • **Farmacia Comunale Olimpia** ▷ 18 Viale Andrea Palladio 61 ☎ +39 045 567879 • **Farmacia Due campane** ▷ 15 Via Giuseppe Mazzini 52 • **Farmacia Internazionale** ▷ 20 Piazza Brà 28 ☎ +39 045 596139 • **Farmacia Martari Massimo & Carlo** ▷ 15 Via dei Mille 22 • **Farmacia Martini** ▷ 16 Via Stella 9 • **Farmacia Palladio** ▷ 18 Via Albere 58 • **Farmacia Ponte Catena** ▷ 14 Via Vasco de Gama 6/C • **Farmacia Ponte Pietra** ▷ 16 Regaste Redentore 10 • **Farmacia S. Anna** ▷ 13 Via Alvise Da Mosto 27 • **Farmacia S. Antonio** ▷ 17 Via colonnello Giovanni Fincato 66 • **Farmacia San Fermo** ▷ 20 Stradone San Fermo 40 • **Farmacia San Giuseppe** ▷ 17 Viale Spolverini 2 • **Farmacia San Luca** ▷ 20 Corso Porta Nuova 27 • **Farmacia San Marco** ▷ 13 Via Antonio Gramsci 6 ☎ +39 045 566577 • **Farmacia San Nazaro** ▷ 16 Via Muro Padri 56 ☎ +39 045 595646 • **Farmacia San Pancrazio** ▷ 22 Via Galileo Galilei 70 • **Farmacia San Paolo** ▷ 16 Via San Vitale 1/A • **Farmacia San Zeno** ▷ 14 Piazza Corrubbio 1 • **Farmacia Sant'Anastasia** ▷ 16 Via Abramo Massalongo 3/C • **Farmacia ai Leoni** ▷ 16 Via Leoni 3 • **Farmacia alla Concezione** ▷ 17 Via San Nazaro 71 • **Farmacia dell'Immacolata** ▷ 13 Via don Luigi Sturzo 3 • **Fongaro** ▷ 17 Via Carlo Cipolla 11 • **Parafarmacia Isabella** ▷ 18 Via Leonardo Da Vinci 41 • **San Tomio** ▷ 15 Via Giuseppe Mazzini 11 • **Santi Apostoli** ▷ 15 Corso Cavour 14/A • **Ugolotti** ▷ 15 Via Giuseppe Garibaldi 20

SHOPS & SERVICES

POLICE

Carabinieri ▷ 20 Via Salvo D'Acquisto 6 • **Polizia Municipale** ▷ 20 Via del Pontiere 50 • **Questura** ▷ 21 Lungadige Galtarossa 11

POST OFFICES

Poste Italiane ▷ 13 Via Marco Polo 1/B — 14 Piazza Bacanal 6 — 15 Via Carlo Cattaneo 20 — 17 Via S. Nazaro 16 — 18 Via Adriano Cristofoli 21 • **Ufficio Postale** ▷ 17 Via Emilio Salgari 1f

SUPERMARKETS

A&O ▷ 18 Via Frà Giocondo 50 • **Aldi** ▷ 20 Vicolo Volto Cittadella 22 • **D Più Discount** ▷ 17 Via Girolamo Fracastoro 25 • **Erboristeria Alveare** ▷ 17 Via Antonio Pisano 19 • **Erboristeria Magia delle Erbe** ▷ 17 Via Giambettino Cignaroli 6 • **Euro Spin** ▷ 13 Via Leone Pancaldo 86 • **Eurospar** ▷ 20 Via Daniele Manin 7 • **IN's** ▷ 17 Via Giacomo Puccini 20 • **L'Affare è** ▷ 13 Via Euclide 12 • **Migross** ▷ 15 Via XXIV Maggio 25 — 15 Via Goffredo Mameli 18 — 18 Piazzale Olimpia 50 • **Natura Si** ▷ 19 Via Carlo Pisacane 2A — 22 Via F. Torbido 11/A • **Ok Sigma** ▷ 20 Via della

Valverde 46 ☎ +39 045 590012 • Pam ▷ 20 Via dei Mutilati 3

8012890 • Museo lapidario Maffeiano ▷ 20 Piazza Brà 28 ☎ +39 045 590087

TOURISM

 ## ATTRACTIONS

Casa di Giulietta ▷ 16 Via Cappello 21 • Casa di Romeo ▷ 16 Via Arche Scaligere 2 • Case Mazzanti ▷ 15 Piazza Erbe 28 • Castelvecchio ▷ 15 Corso Castelvecchio 4 • City tour ▷ 20 Piazza Bra 20 • Loggia di Frà Giocondo ▷ 16 Piazza dei Signori 1 • Mosaico della Domus ▷ 15 Corso Castelvecchio 4 • Porta Leoni ▷ 16 Via Leoni 1 • Rondella di Santa Toscana ▷ 17 Via Caroto Giovanni Francesco 1 • Rua De Lojas - Compras ▷ 15 Via Giuseppe Mazzini 24a

 ## GALLERIES

Galleria d'arte Palazzo Forti ▷ 16 Volto Due Mori 4A

 ## INFORMATION

Castelvecchio ▷ 15 Corso Castelvecchio 23 • Piazza Bra ▷ 20 Via Dietro Anfiteatro 26

 ## MUSEUMS

GAM ▷ 16 Cortile del Mercato Vecchio 6 ☎ +39 045 8001903 • Museo africano ▷ 16 Vicolo Pozzo 1 ☎ +39 045 8092199 • Museo di Castelvecchio ▷ 15 Corso Castelvecchio 2 ☎ +39 045 8062611 • Museo di Storia Naturale ▷ 21 Lungadige Porta Vittoria 9 ☎ +39 045 8079400 • Museo e pinacoteca Canonicale ▷ 15 Piazza Duomo 29 ☎ +39 045

 ## RELIGIOUS

Chiesa San Zeno in Monte ▷ 16 Via San Zeno in Monte 23 • Chiesa di Gesù Cristo dei Santi degli Ultimi Giorni ▷ 17 Via Luigi Luzzatti 41 ☎ +39 331 6512802 • Sinagoga di Verona ▷ 15 Via Portici 9

TRANSPORT

 ## BICYCLE RENTALS

Arsenale ▷ 15 Piazza Arsenale 8 — 15 Piazza Arsenale 8 • Cadorna ▷ 15 Lungadige Campagnola 19 • Cappello ▷ 16 Piazzetta Capretto 43 • Carega Bike ▷ 15 Vicolo Cadrega 8 • Cimitero ▷ 21 Lungadige Porta Vittoria 2 • Cittadella ▷ 20 Vicolo Volto Cittadella 30 • Garibaldi ▷ 15 Viale Gabriele D'Annunzio 2 • Isolo ▷ 16 Piazzetta Santa Maria in Organo 2a • Ponte Pietra ▷ 16 Lungoadige S. Giorgio 3 • Porta Palio ▷ 19 Viale Colonnello Galliano 3 • Porta Vescovo ▷ 17 Via Marcantonio Bassetti 5 • Porta Vescovo FS ▷ 22 Viale Stazione Porta Vescovo 7 • San Zeno ▷ 14 Piazza Pozza 21 • Stefani ▷ 15 Piazzale Aristide Stefani 1 • Università ▷ 21 Viale Università 3 • Viviani ▷ 16 Piazza Indipendenza 279 • Zappatore ▷ 20 Via del Fante 11

 ## CAR RENTALS

AVIS ▷ 18 Via Albere 74 • Europcar ▷ 19 Piazza Renato Simoni 33/A

FUEL STATIONS

Agip ▷ 17 Via Colonnello Giovanni Fincato 34 • **Bitum Calor** ▷ 22 Via Sebastiano dal Vino 1 • **Eni** ▷ 13 Corso Milano 39 • **Ind.** ▷ 21 Via F. Torbido 25/A • **Keropetrol** ▷ 17 Via Colonnello Giovanni Fincato 180 • **Q8** ▷ 13 Via Leone Pancaldo 28 — 17 Corso Venezia 16 • **Q8 Easy** ▷ 14 Viale Colonnello Galliano 19/D • **Repsol** ▷ 18 Via Albere 96//B • **Shell** ▷ 20 Via Franco Faccio 25/c • **Tamoil** ▷ 13 Corso Milano 32

Map 11

Map Overview

Archaeological site	Information
Artwork	Jewish synagogue
Atm	Kiosk
Bar	Library
Bicycle rental	Lighthouse
Biergarten	Memorial
Buddhist temple	Monument
Bus station	Museum
Bus stop	Muslim mosque
Cafe	Parking
Camping site	Peak
Car rental	Pharmacy
Cave entrance	Picnic site
Chalet	Playground
Church / Monastery	Police
Cinema	Post office
Courthouse	Prison
Department store	Pub
Drinking water	Railway
Dry cleaning	Restaurant
Embassy	Shinto temple
Fast food	Sikh temple
Ferry terminal	Sports centre
Fire station	Supermarket
Fountain	Taxi
Fuel	Telephone
Golf course	Theatre
Hindu temple	Toilets
Hospital	Townhall
Hostel	Traffic signals
Hotel	Windmill

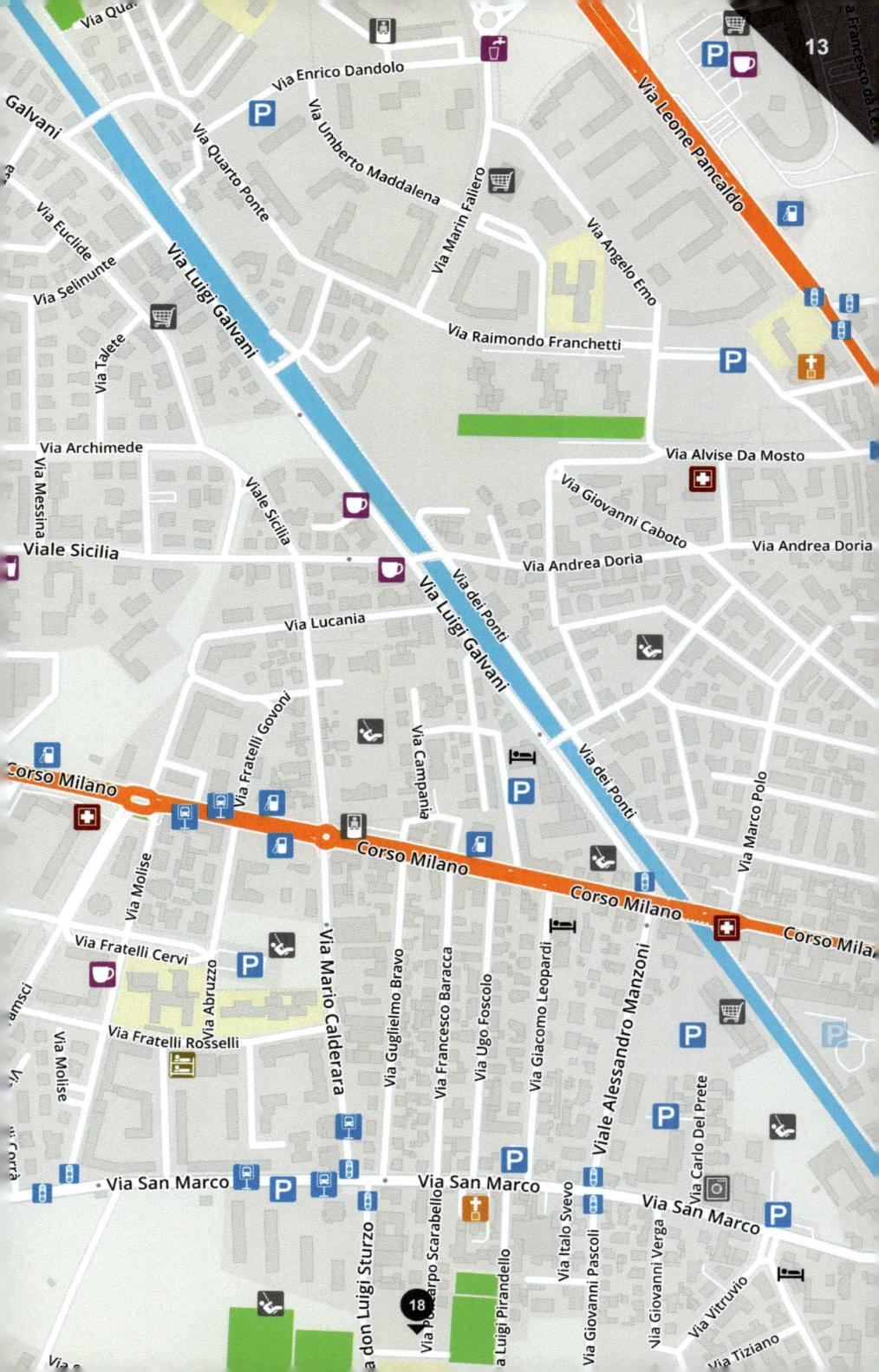

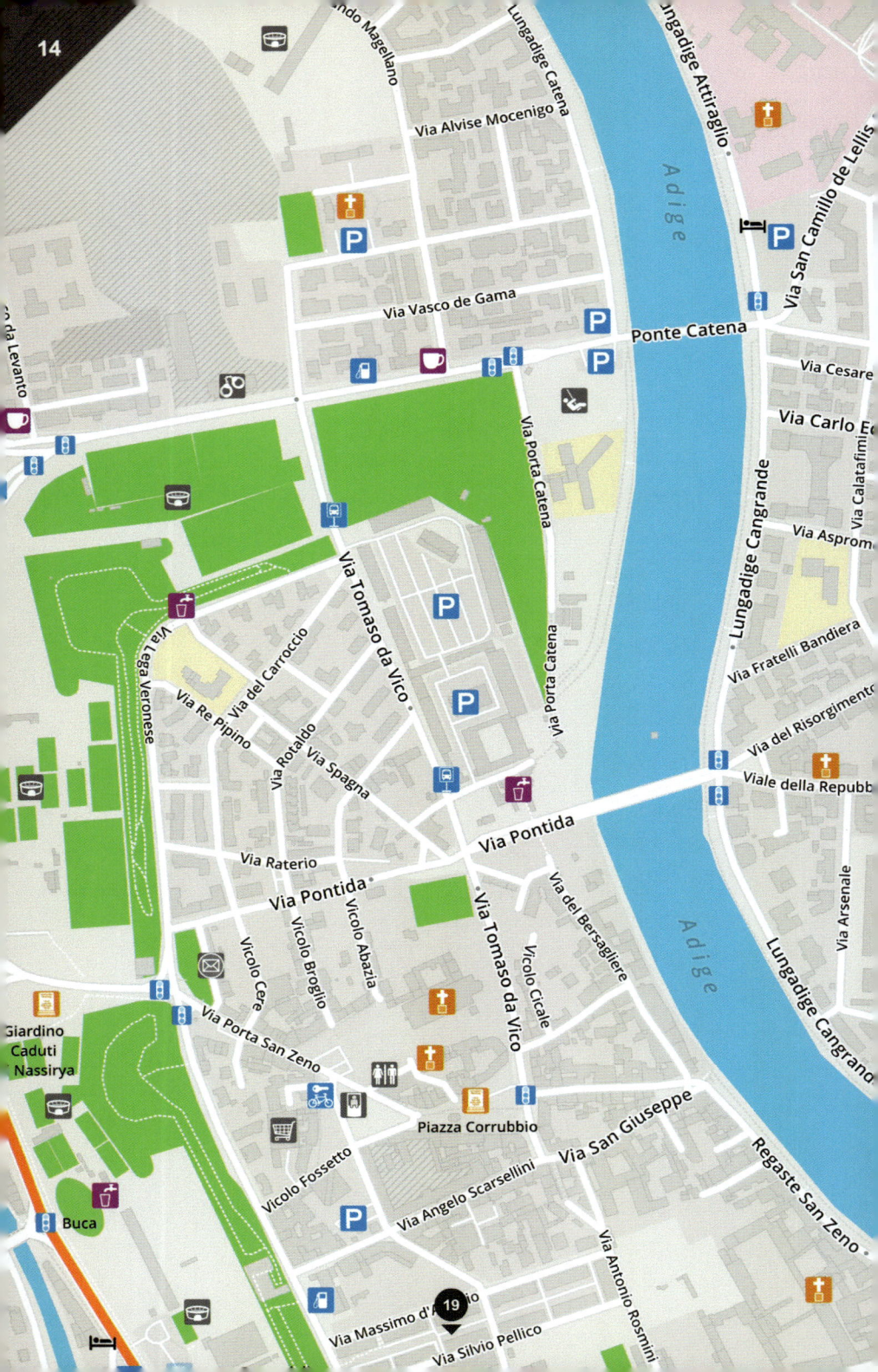

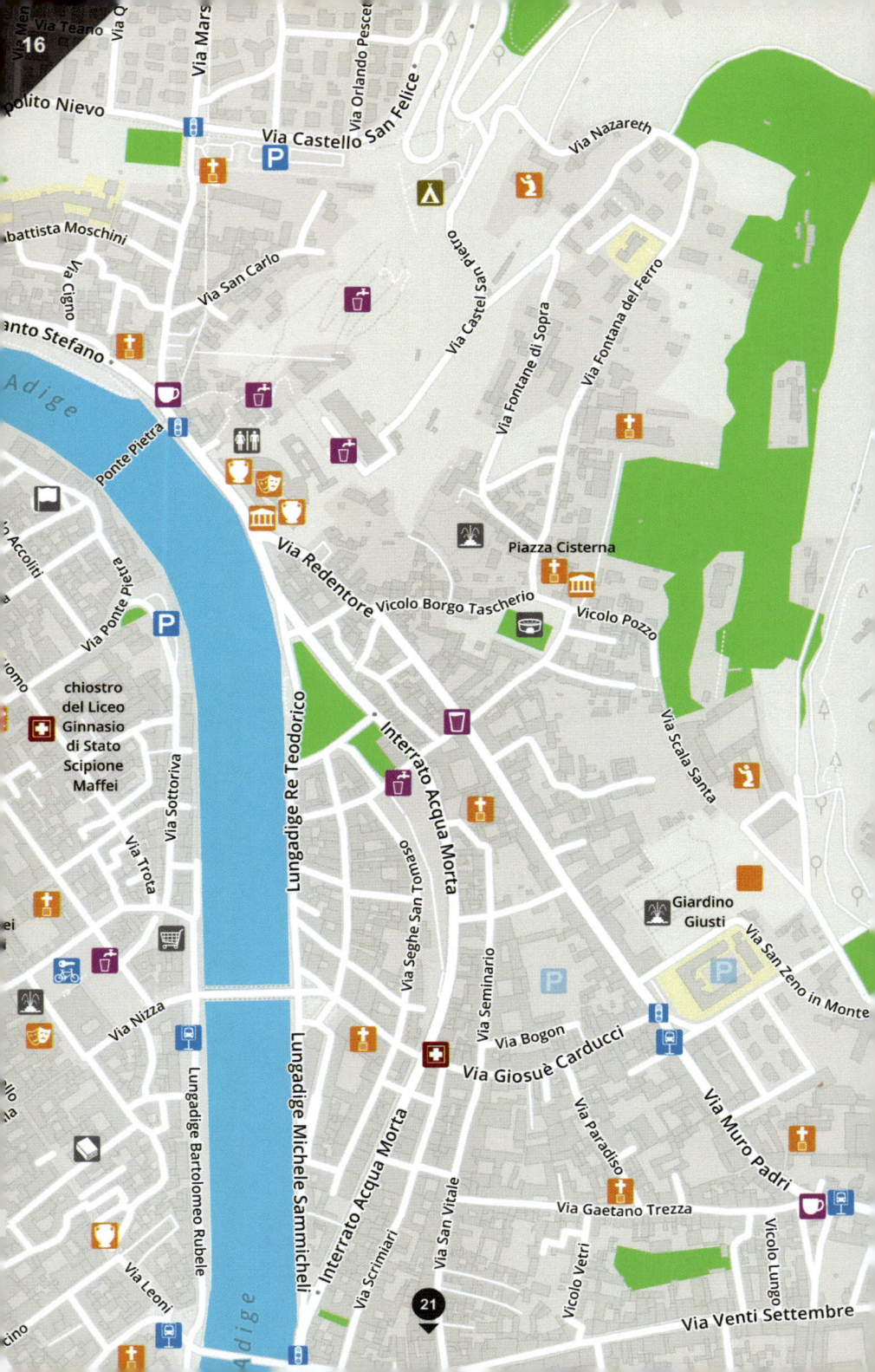

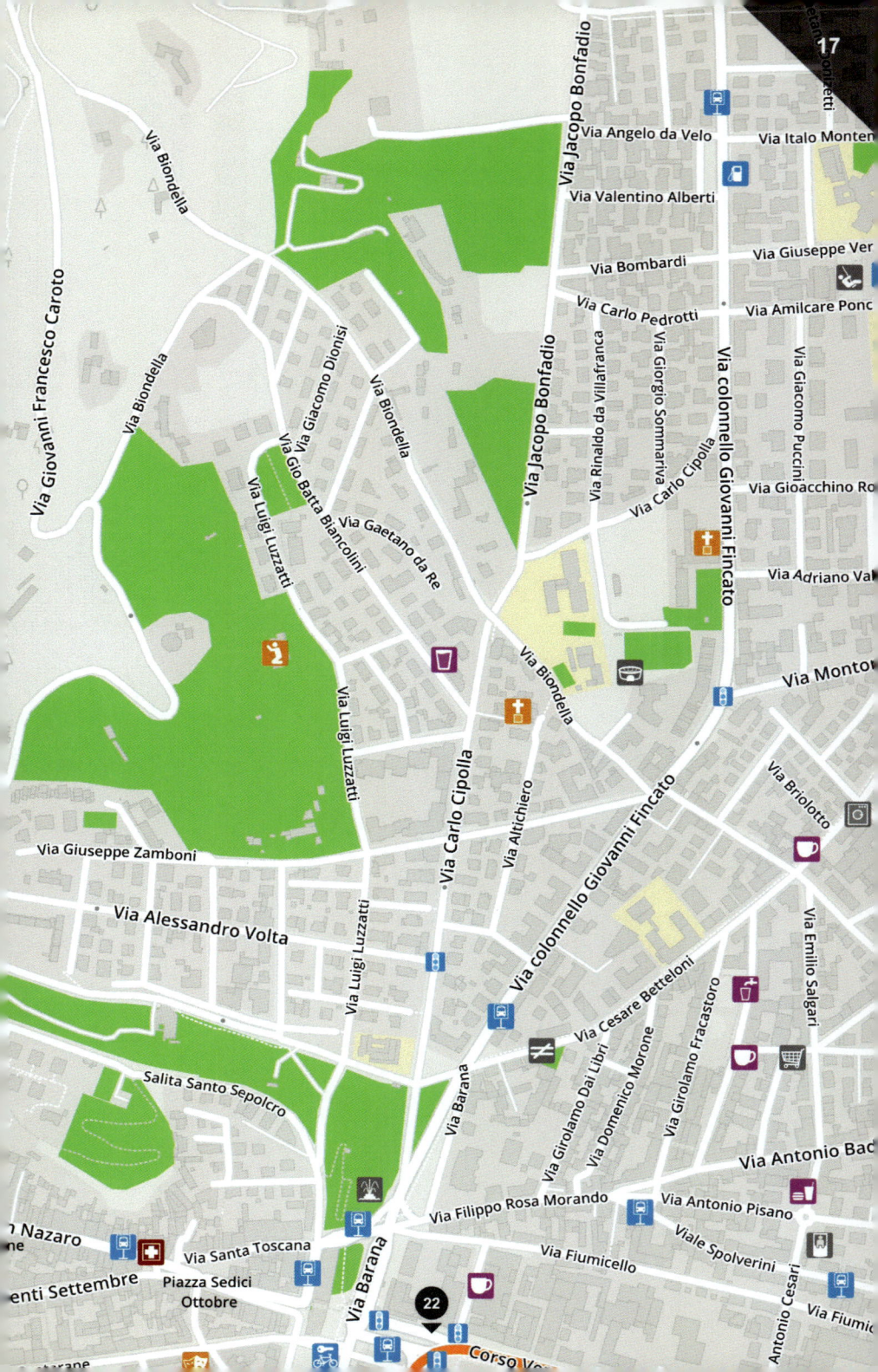

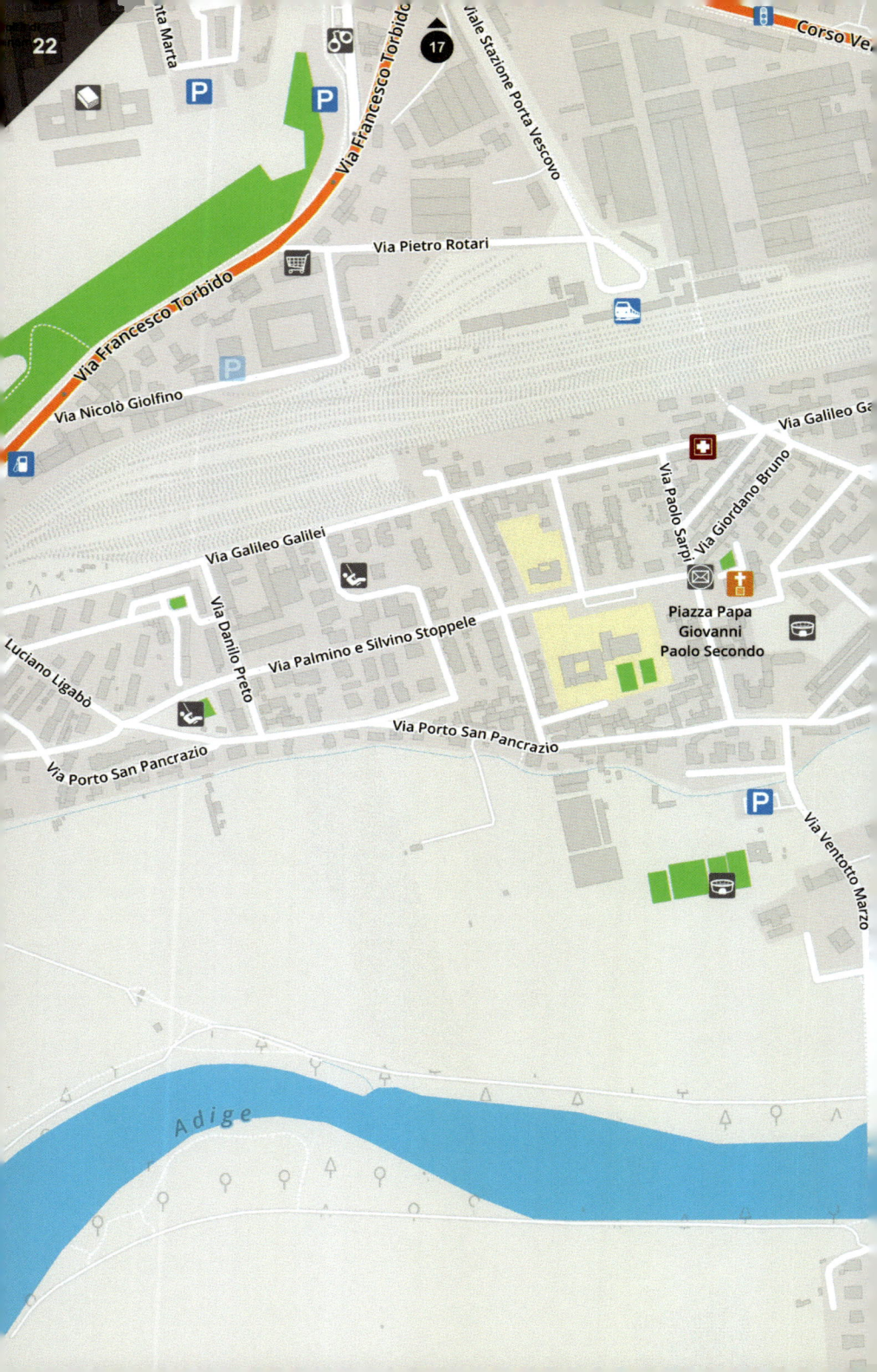

BASICS

Hello

Ciao
tʃao

Good morning

Buon giorno
bwˈɔn dʒorno

Good evening

Buona sera
bwˈɔna sera

How are you?

Come stai?
kome sstai?

Fine, thank you

Bene, grazie
bˈɛne, grattsje

What is your name?

Come ti chiami?
kome tti kjami?

My name is _____

Mi chiamo _____
mi kjamo

Nice to meet you

Piacere di conoscerla
pjatʃere di konoʃʃerla

Please

Per favore
per favore

Thank you

Grazie
grattsje

You're welcome

Prego
prˈego

Yes

Sì
sˈi

No

No
nˈɔ

Excuse me

Mi scusi
mi skuzi

I'm sorry

Mi dispiace
mi dispjatʃe

Goodbye

Arrivederci
arrivedertʃi

I can't speak ____ [well]

Non parlo [bene] l'italiano
nom parlo [bˈɛne] litaljano

Do you speak English?

Parla inglese?
parla inʎˈʎeze?

I don't understand

Non capisco
noŋ kapisko

PROBLEMS

Help!

Aiutami!
ajutami!

Police!

Polizia!
politts'ia!

I'm lost

Mi sono perso
mi sono pˈɛrso

Can I use your phone?

Posso usare il suo telefono?
pˈɔsso uzare il sˈuo telˈɛfono?

NUMBERS

1

uno
uno

2

due
dˈue

3

tre
tre

4

quattro
kwattro

5

cinque
tʃiŋkwe

6

sei
sˈɛi

7

sette
sˈɛtte

8

otto
ˈɔtto

9

nove
nˈɔve

10

dieci
djˈetʃi

20

venti
venti

30

trenta
trenta

40

quaranta
kwaranta

50

cinquanta
tʃiŋkwanta

60

sessanta
sessanta

70

settanta
settanta

80

ottanta
ottanta

90

novanta
novanta

100

cento
tʃˈɛnto

1000

mille
mille

DAYS

today

oggi
ˈɔddʒi

yesterday

ieri
jˈɛri

tomorrow

domani
domani

Monday

lunedì
lunedˈi

Tuesday

martedì
marted'i

Wednesday

mercoledì
merkoled'i

Thursday

giovedì
dʒoved'i

Friday

venerdì
venerd'i

Saturday

sabato
sabato

Sunday

domenica
domenika

MONTHS

January

gennaio
dʒennajo

February

febbraio
febbrajo

March

marzo
martso

April

aprile
aprile

May

maggio
maddʒo

June

giugno
dʒuɲɲo

July

luglio
luʎʎo

August

agosto
agosto

September

settembre
settembre

October

ottobre
ottobre

November

novembre
novembre

December

dicembre
ditʃembre

COLORS

black

nero
nero

white

bianco
bjaŋko

red

rosso
rˈɔsso

green

verde
verde

blue

blu
blu

yellow

giallo
dʒallo

orange

arancione
arantʃone

LODGING

Do you have any rooms available?

Avete camere libere?
avete kamere libere?

I will stay for _____ night(s)

Mi fermo per _____ notte/notti
mi fermo per ___ nˈɔtte/nˈɔtti

I want to check out

Voglio andare via
vˈɔʎʎo andare vˈia

MOVING AROUND

How much is a ticket to _____?

Quanto costa un biglietto per _____?
kwanto kosta um biʎʎetto per ___?

One ticket to _____, please

Un biglietto per _____, per favore
um biʎʎetto per ___, per favore

How do I get to _____?

Come si arriva _____?
kome ssi arriva ___?

...the train station?

...alla stazione ferroviaria?
...alla stattsjone ferrovjarja?

...the bus station?

...alla stazione degli autobus?
...alla stattsjone deʎʎi autobus?

...the airport?

...all'aeroporto
...allaeroporto

EATING

Can I look at the menu, please?

Posso vedere il menu, per favore?
pˈɔsso vedere il menu, per favore?

I would like _____

Vorrei _____
vorrei ___

SHOPPING

How much is this?

Quanto costa questo?
kwanto kosta kwesto?

expensive

caro
karo

cheap

economico
ekonomiko

I don't want it

Non lo voglio
non lo vˈɔʎʎo

OK, I'll take it

Va bene, lo prendo
va bˈɛne, lo prendo

Printed in Great Britain
by Amazon